제비꽃 정원

제비꽃 정원

고옥주 시집

Poems by Ko Okejoo

동학사

차례

1

2

3

1

아이가 온다

초점이 떠나온 먼 우주에 맞춰져
나와 눈이 마주치지 않는가
혹시 남아있는 이전 생의 흔적을 캐내려고
눈을 들여다보고 귀를 기울여보아도
아이 입에 이곳의 언어가 없으므로
전해주지 못할 것이다

아이 울음이 어떤 비의인지
저 우주의 어떤 전언인지
또 아무도 모르고 마는 것이다
지구에서의 이번 삶도
다음 별로 가져가지 못할 것이다

2월의 바이칼

격랑으로만 배가 전복되는 것은 아니다
잔물결에도 삶은 어질거리는데
영하 40도의 물샐 틈 없는 진군에
모든 입 다물고
푸른 얼음의 만리장벽 쌓아올린 호수

혹한의 금서가 된 호수와 나무와 곰
침묵으로 봉인된 은둔자

희망에게 꽃을

꽃의 반경 2미터는 배타적 희망충전구역이다

살아있는 것의 눈을 강하게 끌어당기는
꽃에게는 생존전략
아름다움은 왜 희망인가

꽃이라는 글자는 꽃처럼 생기지 않았다
몹시 초조하게 도망가는 발걸음
길 끊어진 허공으로 한 발 더 나아가는 몸짓

마지막 한걸음이 꽃이었다
이런 세상은 살아볼 만하다

물오른 나무

맑은 날 나뭇가지 끝에선
물방울 터져나오는 소리, 반짝거린다

나무는 땅 속 강의 눈부신 한 지류
하늘에 닿으려는 물의 상승
목마른 허공이 두레박질한 물의
활짝 펼쳐진 형상
서 있는 흐름

물오른 나무

여의나루역

벚꽃구간을 다 지나고 강의 깊은 바닥
뿌리 부근에선 꽃송이가 보이지 않는다

꽃시절은 으레 비바람을 동반하여
인간은 오래 행복에 물들지 않았다

꽃에 취해 세상 괴로움에 약해지지 않도록
기쁨처럼 슬픔도 한 순간이라는 듯

#가을 #물 #달

도처에 불 밝힌 나무들 있어 길을 잃지 않다
시간이 쌓여 달구어진 불씨가
어둠을 희석시켜
가을자락이 조금씩 길어지다

서늘해지는 호수에 눈을 담그다
잔물결질로 쫄깃해진 물의 근육이
투망으로 일어서
서 있는 풍경을 끌어당겨
호수 가득 풀어놓아 물바닥이 환하다

물에 젖어 끝단이 풀려나가는 달
굳은 마음도
오래 젖으면 올이 풀려 흐를 것이다

봄 난장

마을에 소문이 번져
한숨에도 헛기침에도 꽃떼가 밀려든다는데
강둑에 민들레 수위가 발목까지인지
너럭바위에 풋잠은 쌓이는지
물에 젖은 새 발자국은 어느 가지에 찍히는지

집밖은 다 봄인데
봄 나절은 왜 이리 밀린 일이 많은가

비는 꽃도둑질로 밤을 분탕질 치고
밭은 봄치레에 마음이 꽃무늬로 헐고 있다

제비꽃 정원

겨울에서 있는 힘을 다해 목을 빼낸 청보라 한 점
그 청보라 구멍으로 봄은 쏟아져 나온다

작은 제비꽃 정원
봄이 지나면 잊고 마는 꿈
다음 봄을 위해
제비꽃 구역으로 머리 박고 다녔다
잔디 맨 앞 줄
흙과 보도블록 경계 개미집 가까이
개미가 가뿐히 들고 가는 작은 씨
씨앗들 빼곡한 세 갈래 연두 꼬투리
봉투에 넣어 책상에 올려두고 잠든 밤
저 멀리 어디서 봉봉 탁탁
소인국의 대포알 발사처럼
둥지를 떠나 날개를 펼치는 아기 새의 첫 점프처럼
봉투 안에서 튕겨 오르는 혼신의 함성

세상의 모든 제비꽃 정원을 위하여
밤새 씨들이 잠과 꿈을 쿵쿵 건너 원정을 떠나고 있다

만리장성

알맹이 지키려고 굳어진 껍데기
속은 다 파먹히고 껍데기만 남아 있다

안을 소중히 여기니
모든 바깥이 두렵고 지킬 것이 늘다
벽, 울타리
금지된 것들의 길고긴 목록, 장성이 되다

장성 안에서
작은 경계들은 헐거워지고 지워진다
큰 두려움 안에서 작은 것들은 입을 다문다
수많은 점을 삼킨 선
수많은 무너짐을 덮은 벽
인간의 시간을 품고 지구가 된 장성

자목련 카펫

진분홍의 탑
꽃 층층 쌓아 오른 꽃탑
오래 빛나지 않고
한 순간의 결단으로
툭 생을 접어버린 분홍이
낡아가는 바닥
발에 밟히는 부스러기도 한때 눈부신 기억이 있다
바닥은 가볍지 않다
마지막에 다 거기서 만난다
비의 발이 바닥을 다지고 있다

수즈달*에서의 산책

천년의 수도원들은 마을의 풍경이 되었다
잔상이 두텁게 쌓인 긴 그림자
오래된 왕국의 강과 들판과 나무집들 사이로
걸어가는 동안
너무 많은 시간이 겹쳐진
햇빛은 금방 바닥으로 가라앉고
풀밭은 침묵과 잠의 빛깔
밤의 그늘마다 수렁이 깊어
잘못 발을 디디면 다른 세기로 빠져 나갈 듯하다

천년의 풍경은
혼자 천년을 살아온 사람처럼 외롭다

낯익은 언어와 노래가 수없이 사라져가고
기다릴 것이 없이
더는 세상과 다투지 않는 바위가 되어가나 보다

천년을 외로울 바에야 태어나지 않으리

---

* 수즈달: 모스크바 근교 중세 러시아의 천년 고도. 도시 전체가 유네스코 문화유산으로 지정.

나무 비우기

지하철 계단에서 올려다본
플라타너스 꼭대기가 어제보다 휑하다
누가 허공에 굶주린 양떼를 풀어 놓았나
구름에 발을 묻고 진종일
나무를 초토화시키고 있나보다
이상한 나라의 보이지 않는 고양이가
꼬리를 빙빙 돌리며
노란 은행잎을 콩 타작 하고 있나보다
혼자 바닥으로 돌아가기 심심한 빗방울들이
느티나무 잎에 올라타 바람타기를 하나보다

빈 가지만 남기느라 가을 내내
허공이 분주하다

꽃사과나무 지도

겨울나무처럼 아름다운 지도를 본 적 없다
사방이 텅 비고
도처에 앙상한 길이 뻗어 있어
떠나는 일만 남은 시간
보물섬으로 가는 지도가 허공에 오롯하다
밖으로만 뻗어나가는 길도 있고
안으로 얽혀드는 길도 있다
꽃사과나무 가지는 그물을 짜듯 촘촘하다
작은 새가 되어
꽃사과나무 속 모든 길을 샅샅이 걸으며
내부 깊숙이 숨겨둔 보물을 찾고 싶은
겨울 樂.

심연

매미울음폭포 한복판.

혹은

울음소리 뚝 끊긴 다음.

허공의 근황

이곳은 예전에 논밭이었다
작물들이 사람의 키를 넘지 않아
허공은 그득히 발을 늘어뜨리고
시간으로 멱을 감고 있었다

사람들로 걸쭉해진 도시가 건물을 키우자
허공은 밀려올라가 빽빽해졌다
어쩌다 건물 사이로 늘어진 허공자락은
악취와 검댕으로 묵직해져 잘려나갔다
땅마다 주인이 정해지고
사람은 갑옷처럼 하나씩 집을 입어 빈 곳이 없다

허공은 사람 사이에나 아득히
남아 있다고 한다

꽃 지는 자리

1

사랑이 끝나고도 생은 남아 있고
새 봄이 몰려와도 몸은 묵은 겨울
이제 꽃 피우지 않지만
흘러온 시간은 겹겹이 꽃잎이었다

2

꽃이 진다고 꽃의 숨이 끊어지는 것은 아니다
펑 사라지거나 녹아버리지도 않고
꽃은 생애 첫 길을 떠난다
더 무엇을 하고 갈 것인가
바람 타고 천천히 허공을 어루만지며
스치는 구석구석
고운 살결과 향기와 빛 내주고
세상 독毒을 품에 안아 앓고 으스러지며
막막히 바닥이 되는 시간들

바람과 물과 달빛과 안개가 그러하듯
세상 온갖 시름, 추함 훑어 몰아가는
꽃 썰물 뒷자리… 그늘이 화사하다
한결 살 만해졌다

목련 지다

떠나는 이의 흰 발자국 난무한
목련나무 발치

봄은 오면서 벌써 돌아가고 있는가

태양계 일지

파란별 지구가 최근 헐거워지고 있다
생명 꽉 들어찬 방주 하나씩
어딘가로 옮겨지고 있다
근래 생명감소증이 확산된
어느 미확인 행성 측의 소행으로 추정됨
남은 이들의 거대한 슬픔인
파란별 족 납치사건들로
파란별엔 그들의 은밀한 희망이었던
초능력 슈퍼맨 족은 없다는 것이 입증됨

인간에게 오직 인간 뿐.

슈퍼문
- 개들의 귀환 편

밤하늘에 샛노란 구멍이 커다랗게 열리자
도시 뒷골목, 산과 바다마을
묶이지 않거나 묶여 하늘을 보던 개들이
술렁대기 시작했다

…때가 온 것일까

진한 슈퍼달빛이 쏟아지자
몸이 무거워 달빛에 올라타지 못한 개들이
낑낑거렸다

…예언의 그 시간
개들의 우주로 귀환할 수 있는 통로가
꽃송이로 만개하는데
사방팔방 달빛 밧줄이 풀려나오는데

그곳이 여기보다 나을까
떠나지 못할 이유가 너무 많아
생각이 무거워진 개들이 침묵하자
슈퍼 어둠이 우두커니 밀려와 있었다

2

2018. 7. 28 슈퍼 블러드문

지구 그림자가 붉은 달을 먹어 치우고 있는데
폭염도 매미소리도 그치지 않는다

하늘의 이변이 땅과 사람을 뒤흔들던 때가 있었다
사람이 두려운 시대
더는 하늘을 탓하지 않는다
세상은 세상 이치대로
우주는 우주의 궤도대로
제 갈 길 간다

지금은 그저
지구 그림자를 받아내는 달의 시간
부디 내가 너에게 고운 그림자이기를
그림자 걷히면 더욱 빛이 나기를

불면의 노래

1

내 잠들지 못함은 누군가 나를 부르기 때문인가
낮의 피곤과 밤의 습관으로 무거운 몸
누가 어둠 속의 나를 기억하는가
(이제 사랑은 소리와 향을 잃었다)
소망에 가득 찬 첫 기도가
순결의 예지로 시간 깊숙이 도달한 미래인가
죽음에 들떠 시간이 뒤섞이며 되돌아온
간절한 회환인가
밤마다 검은 수면 위로 나를 인양하는 부름은
지금 나를 꾸짖으며
다른 생을 요구하는가

2

나는 완전을 꿈꾸지 않았다
침묵에도 바람소리, 소란에도 허공이 있다
아름다움이 나를 어디로 끌어가는지
내 안에 어떤 무늬를 남기는지
말과 길과 물과 마음은 내 생애보다 길어
끝을 본 적이 없다
별을 향한 그리움이 사라지자 밀려 나온
소리 없는 물음이여
어둠 속에서 홀로 무슨 대답을 해야 하는가
무수한 변명 속 나의 뿌리는 비어 있고
잠결로 유입되지 않는다
깨어있지 않아 잠들 수 없는 것인가
신은 자연을 허락할 뿐
인간이 완전을 감당하지 못 할 것이므로

3

꿈속의 망자는 내게 무슨 말을 하고 있었나
나는 왜 그를 안고 울음을 터뜨렸나
내가 놓친 것은 무엇인가
삶의 가능성이 줄어들수록
잠은 토막 나고
잠과 깸의 경계는 흐릿하다

이 무명의 시간을 어떻게 생으로 되돌릴 것인가

검은 밤을 짚어 걸어온 새벽의 환희와
얼어붙은 겨울 대지를 버텨낸
봄꽃의 설렘을 어떻게 되찾을 것인가

미망에서 생의 순간을 확보하라
두터운 얼음장 밑의 나를 바라보며
처음의 나와 마지막의 내가
간곡히 부르는 노래.

꽉, 빈 화분

과일을 먹다 잘 여문 씨를 만나면
빈 화분에 묻어둔다
살구씨 자두씨 수박씨 포도씨 감씨
기다려도 아무 기별이 없다
가끔 물을 주며 흙 속 안부를 묻는다
묵은 씨들의 시간은 잠인가 죽음인가
아직 생에 뛰어들 결단을 못 내린 망설임인가
바글바글 씨무덤이 된 화분
빈 화분인가 꽉 찬 가능성인가
(불발의 소망, 하지 못한 사랑의 무덤인 내 몸)

어느 날 문득
모든 씨들이 한꺼번에 푸른 싹을 밀고 올라온다면
모두 접붙어 세상에 없는 궁극의 종이 탄생한다면

그런 푸른 폭발로 '봄'은 늘 새로운 것인가

진화는 고단하고 찬란하다

1

낮의 열기에 데쳐지는 줄 알았다
뿌리 깊은 푸름의 위기
아침의 푸름으로 돌아가기 위해
나무는 밤새 열기를 뿜어내며 환기 중
모두들 더위에 푹 빠져 다른 일은 방심하고 있다
그 뜨거운 여름이 식자
무심코 몸을 내버려둬 여기저기 생채기 난 사람들이
인류도 체온을 좀 높여야 할 때가 온 것이 아닐까
다음 여름을 걱정했다

2

폭염이 지난 가을의 노랑은
찬란하였다
가벼움을 떨칠 수 없어
늘 도중에 멈추던 노랑도
절정까지 가 보기로 작정한 듯
혼신의 노랑으로 짙어졌다
주황 근처, 무거움으로 넘어가기 전

한번 와 본 걸음은
새 경계로 기억될 것이다

누구를 위하여 눈은 내리나

누운 몸에 생각이 일어서는 불면
밤이 삼키고 남은 소리마저 쏙쏙 거두며
고요가 짙어지는 기척
창밖에 아까부터 하늘가를 쓸어내리는 눈발
불빛에선 급하게
어둠에선 가만히
바닥이 잠잠하다
잠시
허기진 불면의 길고양이
가로등 조명 아래
훌쩍 뛰어 오른다
눈송이가 비눗방울이듯
톡 치면 종소리라도 나듯
작은 나비와 희롱하듯 다시 훌쩍
아름다움에 대한 예우이듯
눈 오는 세상을 한번 어루만지고
눈 위 제 발자국에 놀라 스르르 사라진다

누드비치

88대로 한강변
나무들의 누드비치
홀딱 벗고 하늘을 쿡쿡 찌르며
어 시원타
깔깔깔 온통 웃는 얼굴
찬바람이 신명나는 음악이라는 듯
뭇 시선도 간지러운 듯
마디마디 활짝 펼치고 춤사위다
그간 곱게 꾸미고 주렁주렁 매달고
무겁고 거추장스러웠다는 듯
허공이라도 날아오를 기세다
강물에 첨벙첨벙 뛰어다닐 폼이다

빗으면 세상이 온통 껍데기디

매미 창세기

매미들의 요란한 떼창, 다급하다
입도 없던 존재 이전의 밤 어둠이
다시 다가오고 있다
밤이 낮을 잡아먹는 지구의 기울기

매미의 기억은 어디부터인가
빅뱅이전의 암흑인가 암흑의 끄트머리
짧은 빛 속의 요란한 울음의 생인가
꾹꾹 눌려져 땅이 된 침묵
침묵을 파고 묻은 뼈와 씨
생명의 소란스러움에서 건진 한 생애의 기억과 꿈

지구가 굴러가는 육중한 울림
아득한 지상세계의 잔향
깨어나 생명으로 나아가라는 먼 북소리
생명은 물의 걸음을 부르고
어둠 속에서 빛을 찾아 오른다

어느 삶이 꿈인지 끝내 잠들지 못하지만
지금은 울어야 한다
밤이 창궐하고 있다
아직 못다한 노래가 있다

벽제

한번 지어진 슬픔
한 생애를 거쳐도 다 풀지 못 하고 그냥 간다
생애 처음 뼛속까지 시원하게 활활 타오르다

몸으로 만든 허물
마음으로 쌓은 불꽃
다 잊어주기 바래

화 장 중
냉 각 중

흰 가루로 쿵쿵 부서져
슬플 것도 기쁠 것도 없는
세상 먼지에 섞이다

사방이 지도이다

마른 손바닥 안에 번개가 치고 있다

나뭇잎마다에 수액 흐르는 잎맥
허공을 더듬어 하늘로 오르는 나뭇가지
지구 내부로 걸어 들어가는 뿌리
새 생명을 보내실 때
손바닥에 세상길의 지도를 새겨주신 걸까

어제 보이지 않던 길이 보이고
힘겹게 새로 만드는 길 아래 옛길이 겹쳐져 있다
혼자 가는 길도 누군가 많이 다닌 길이다
천지사방 지도를 미리 눈에 익히니
죽어서도 길을 잃지 않을까

저 깊은 하늘의 빈게 문양은
어디로 가는 길인가
영혼이 찾아갈 환한 빛의 길인가

나는 내 손바닥 금 어디까지 와 있나

발의 추억

뒤돌아보면 나는 없고
다시 태어날 수도 없으니 그저 걸어가다
길의 씨가 걸음걸음 심어진 발
편자처럼 굳어 발바닥이 된 길
늙어진 꿈마다
발이 길을 복기復棋하고 몸을 끌고 다닌다
그때 무얼 찾아 그리 헤매 다녔나
멈추면 땅에 붙들려 뿌리내릴까봐 두려웠을까
기억 속에서 길은 자꾸 늘어나
도착할 수가 없다

발은 삶을 다르게 기억하리
돌부리, 잡초, 껌, 개똥, 물웅덩이 위로
피워 올린 숨길
마음이 어디로 떠돌든 그저
쿵 쿵 심장박동을 만들어내던 걸음

숨 그쳐도 발에는 아직 못다 한 걸음이 남아
떨고 있으리

가을이 붐비다

절정은
단풍 그리워 만나러가는 마음과
사람 반기러 내려오는 붉은 걸음이
山中에서 눈이 맞았을 때.

불짐 지고 내려오다
저마다 품고 온 마음 속 불씨에 옮겨 붙어
산에 든 걸음걸음 번지고
온통 서로 물들어
산은 산대로 환히 타오르고
단풍에 시름 태운 사람들
붉게 물들어 떠나가면
잠시 세상은 아름다움만 남고
아득히 사라지는 듯.

자작나무

하얀 수피에
참을 수 없을 때마다
마음의 눈금을 그어가며
숨을 토한 흔적을 남기다
인간보다 오래 남을 이야기를
수천 년 지켜내고
누군가의 몸을 덥히려 타오를 때
삼켜온 긴긴 이야기를
한없이 자작자작 풀어낸다

봄밤은 궁금하다

낮에 보고 온 반쯤 핀 벚꽃은
어두운 숲에서 하얗게 벌어지고 있을까
어둠이 무서워 숨을 참고 있을까
물웅덩이 속 까만 올챙이는 뒷다리가 나오고 있을까

골목 어귀 가로등처럼
마음을 환하게 물들여
가장 고운 기억 불러내는 라일락 향기
밤새 골목 하나를 가볍게 들어올려
은하수 강변에 걸쳐놓을 듯

이 땅에 뿌리내린 모든 아픔 내려두고
향그러운 기억으로 부풀어 오른 라일락 풍등
밤하늘에 둥둥 떠오르고 있을까

몽골 초원에서 시 뜯어먹기

열매처럼 짧은 여름 동안
말이 목초 잔디를 훑어 먹고
양떼가 풀 나뭇잎 나무껍질까지 섭렵하고
얼핏 텅 비어 보이는 대지에
소, 야크, 염소, 여우, 마못
바닥에 바싹 남은 풀과
땅속의 뿌리까지 불러올려 배를 채우고 있다

젖과 꿀이 흘러넘치는 저 푸른 초원이라면
그늘에서 잠을 자겠지

누구나 이미 다 뜯어먹은
텅텅 빈 초원에 바닥 바싹 입을 대고
다 얼어붙는 겨울이 오기 전에
씹히는 거면 뭐든 입에 넣고 우물거리며
쓴 맛이라도 단물 빠질 때까지 씹어대기
어쩌면 땅을 파헤치고
살겠다고 계속 씹어대는 힘이
봄을 다시 부르고 있는 건지도 몰라

보이저 1호의 생

1977년 9월 5일 지구를 떠났다
아침이 오지 않는 세상
별들 사이 빈 곳으로 아무도 기억하지 않을 길을 내며
어느 별에도 마음 주지 않고
제 소리에 갇혀 우주의 굉음도 듣지 못한 채
푸르고 구불구불한 목성의 구름
토성의 61개의 달을 넘어 인간의 영원보다 먼 공간을 지났다
70억이 사는 Pale Blue Dot을 향해
만나는 별들의 수많은 흔적을 찍어 보내며
빠르게 태양계를 벗어나고 있다
소멸에 가 닿을 기약도 없이
낯선 세상을 입력된 속도로 달려가야 하는
Voyager!

동력이 꺼지는 2025년 마침내 멈추어
지나온 태양계를 고요히 반추하며
검은 별로 침묵할 보이저 1호

2025년 67세, 나는 어떤 별일까

#기우뚱

구부러진 길 하나가
얼마나 많은 것들을 구부러지게 만들었을까
내달던 마음 멈추고 살짝 비껴서기
바람도 휘어 돌아가는 길 굽이 어귀
꽃의 목만 경계를 넘나드는
그 하늘한 둥글림

물굽이 하나가
수초와 물고기의 항로와 물의 흐름을 비틀고
그 위 구름과 비의 각도를 조금씩 기울여
세상을 한걸음 늦추고
지도를 바꾸고 있다
무수한 직선을 둥글리는 구부러짐이여!
가끔 기우뚱거리기
멈칫멈칫 직선에 쉼표 찍기

말씀

폭력의 만연
날씨도 폭력을 휘두르는 한여름
물 새벽 서슬
말만으로 싱그런
괜찮다는 말로 참아내는 두려움
푸르다는 말로 견뎌내는 뜨거움

폭염 속에도 누군가 울고 있겠지
이 폭염이 한 줄 한 줄 울음일지도
폭염 속에도 꽃은 피어나고
뿌리는 땅 속의 물길 찾으며
나무를 지탱하고 있다
누군가 나무에게 말해주고 있었나보다

괜찮다
괜찮다

닭둘기

낙엽 퍼부어 내린 가로수길 걸으면
인도에 동네 비둘기들 함께 걷고 있다
새는 부리로 바닥을 두들기며
우리가 모르는 어떤 신호를 수신하며
수많은 질문을 하고 있는 건가
거리를 탐색하는 도시 비둘기는
예전의 그 새떼가 아닌지 모른다

머리가 작고
무언가 자꾸 채워 넣은 배만 불뚝해
더 이상 날지 않고
지상을 거점으로 삼으려는가
신생 닭둘기족
몸을 지탱하기엔 너무 작은 두 발은
아예 몸속으로 들어가거나
혹 직립을 준비 중인가
부푼 가슴께에서 두 손이 자라나오는 중일까

조류의 대량 살처분 치하에서
인간 습성을 오래 관찰하며
인류의 멸종이라는
은밀한 음모를 차근차근 꾸미는 건 아닐까

매미별에서 보낸 여름

별빛에서 휘파람 소리가 나
밤새 몸을 닦는지
껍데기를 벗는지
느티나무 줄기 칸칸마다
벗어놓은 몸이 오그리고 있다
매미는 제가 땅속에서 꾸던 꿈을
다 풀어내야 그칠 수 있는지
그 어둠속의 침묵을 다 게워내야
울음바다를 건너갈 수 있는지
밤을 틈타 껍데기들도 울음을 보태는 걸까

살면서 한번 묵은 허물을 확 벗어봤으면
아파트 칸칸마다 오그린 잠 속에서
껍데기들 훌훌 날아오르는 꿈

굵은 빗줄기 맞고
떨어져 누운 허물들
그 위로 엷은 옥잠화 향기

항해일지

… 이제 마음은 굳어 잠잠한데 …

노인의 몸이 조금씩 기울고 있다
말과 말 사이
몸짓과 몸짓 사이
간격을 버티지 못하고 출렁이다가
다시 제 자리로 돌아올 때까지의 깜박임이
리듬으로 굳어 몸에 쌓이고 있다
발밑 허공이 울퉁불퉁해진 건가
한쪽 발밑이 자꾸 기우뚱 모자란다
순간을 놓치면 몸 깊은 곳의 중심이 어긋난다
순간들이 비누방울처럼 펑펑 터져 사라지고
빈 눈금이 늘어 기울어진다
조금 흔들어줘야 균형이 맞다
잠 속에서 멀미가 나기 시작하다
아직 마음에 들키지 않았다
이 흔들림이 어떤 미친 춤으로 몸을 끌고 갈지
노인은 지도도 없이
모르는 길을 가야 한다

이명

삶이 적막해지자 들리기 시작하다

소리를 막아주던 소리
소리의 내부 방어벽이 얇아졌다
이제껏 몸을 가동시키던
온갖 장기들의 운행소리
심장과 폐의 헐떡임
음식을 분해하는 거대공장의 소음이
숭숭 구멍으로 빠져나와
귀로 머리로 달려든다
바깥 소리로 둑을 쌓아 막아도
내부의 주파수를 알아버린 몸이 동요하고 있다
안이 없어 밤도 없고 숨어 쉴 수 없다

시간이 몸을 서서히 소화시키고 있었나보다
몸의 경계가 풀어지고 있다
몸은 활짝 열려 꽃 피려는 걸까
낱낱이 흩어져 꽃 핀 들판이 되려는 걸까
어디까지가 삶인 걸까

3

아끈다랑쉬 오름 아래

살아온 모든 흔적이
소담한 언덕으로 이렇게 오롯이 차오르면 좋겠네
바람이 능선을 타고 몰려드는
오름의 알맹이는 오래 된 침묵
어느 생의 내가 잠든 무덤이었나
여러 생의 꿈과 기억이 뒤섞여 흘러다니는 내부에
지상의 시간을 가만히 짚어가다 솟아오르는 애벌레의
다시 태어나려는 기다림이 아득하다

한 번의 봄으로는 꽃나무 하나 사랑하기에도 모자라다

달빛 총총한 밤 오름
억새 가득 바람을 품어 부풀어 오름
수천 가닥 비에 젖어 오름

한 번의 생으로는 너를 알 수 없으니
오목눈이 사슴벌레 으름난초로
겹겹의 생을 거쳐야 하리

참치는

참치는 붉은 피를 콸콸콸 뿜어낸다
갑판이 젖는다
바다는 꿈적도 않고 검푸르다
바다가 얼마나 많은 피를 삼켰는지 아무도 모른다
저녁 노을이 잠시 붉을 뿐

비두로기

부엌 창문으로 날아 들어온 비둘기
애완비둘기 키워 보실래요

목욕시키고
목줄하고 산책
겨울엔 털조끼
날마다 놀아 주시면
대신 당신을 예뻐해 줄게요
잘 먹여 주면 통통하게 살도 쪄 주고
옆에서 늙어줄게요

베란다에 비둘기 두 마리의 산책

올림픽 낙수

가장 멀리 가장 빨리 가장 높이
인간 한계에 도달한 팔과 다리에
금메달을!

그리하여 강철의 정신력으로
인간 몸의 모든 능력을 최대로 확장시킨 그들의
소명은?

지구를 지키고
세계 평화를 위해 악당을 물리치는
슈퍼맨~~~?

(극한의 육체적 한계까지 일해야 하루를 사는 삶에 목메달!)

밤새

잘못 창으로 날아든
하얀 깃털의 멋진 새
노래 소리도 빛이 났는데
내게로 오니 깃털 빠진 살덩이
놓아줄 숲을 찾느라 헤매는 동안
축 늘어지는 고깃덩이
땡볕에 나무 한 그루도 나타나지 않아
자전거 탄 우편배달부에게 넘겨주고 말았다
영화 속 영화에서도
영문도 모르고 끝끝내 완주해야 하다니…

환절기

땅 속 꿈틀거림이 밖으로 튀어 나오려고
뭐든 잡히는 숨이 있으면
꽉 그러잡고 죽기살기로 끌어 당긴다
서로의 안간힘 끝에
힘을 소진한 숨들이 눈을 감는다
이어지는 생명이 눈을 떠 환한 세상을 봄.

세상에 없던 연푸른 잎 천지
누군가 제 힘을 보태준 것이다
다른 삶으로 갈아타다

채굴

다른 삶을 살다온 아침
맥락없는 푸른 얼룩의 기억을 붙들고
끊어진 도마뱀 꼬리 한 토막
조각별의 푸른 잔상
거대한 빙하 속 물줄기
떠나는 이의 옷자락의 여운
사방팔방 삽질 끝에 다시 차오르는 기억의 살집.
돋아나는 몽당 시.
새 봄.
봄이 벗어던지고 간 시를
캐 묻 다

원죄

그 더운 체온이 한꺼번에 섞여들어
바다는 잠시 뜨거웠으리
수많은 기억이 그쳤으므로
바다 그 좌표엔
물방울 모양의 커다란 허공이 생기고
세상은 한 뭉치 쪼그라들었으리

살다가
좀 헐거운 물결 만나면
불도장 찍힌 물살 스치면
소름처럼 죄가 돋아날 것이다
가슴 속 아우성 조용히 패어나간 허방
텅텅 메아리칠 것이다

흘러가지 않는 세월 하나를 우리 모두 갖게 되다

ㅇㄴㅎㅅㅇ

사물은 눈앞에 있는데 이름이 씻겨나갔다
신원미상 오리무중으로 돌아앉는 주변
까마득하게 소원해지는 관계
별자리에 별은 남아있을까?
이름이 있던 자리가 허공이다
너의 이름을 잊으면
너의 얼굴이, 너의 목소리가 흩어지는가
비명이 없어 지르지 못한다

모든 것의 이름을 지은 첫 사람은
그 이름을 다 기억했을까

순간도 겹겹이다

물으로 올라온 어류처럼
아기가 환하고 마른 세상의 큰 덩치에 눌려
바닥에 등 못 붙이고 허둥댈 때
(그는 바닥에 닿아본 적이 없다)
이미 살아본 이들은
가지런히 손발 제 몸에 붙여 모아
부드러운 싸개로 감아준다
이렇게 너를 기다려온 많은 손길이 있으니
겁내지 말고 세상에 몸을 맡겨라

몸의 모든 빛이 꺼진 후
바닥에서 발 거두고
어둠 속 먼지로 떠돌며 두려움에 떨까봐
(그는 허공에 흩어져본 적이 없다)
남은 이들은
세상에서 맺은 인연
한 풀 한 풀 끌어모아 겹겹이 여며준다
이리 많은 손길이 그대와 함께 하니
먼저 평안에 가 닿으소서

복화술사

침묵하면 마음이 시끄럽다
징징 울고 있는 한 아이를 덜어낸다
손은 아이의 입까지 뻗은 탯줄
손을 타고 울음이 밀려나오면
더 큰 몸짓으로 만들어내는 웃음판

멀리 가까이 날아다니는 소리에
당신들의 귀와 눈은 어리둥절할 것이다
말을 잠그고 굳게 웃는 입과
펄떡이는 인형의 빨간 입
보이지 않게 만들어지는 소리

웅크리고 있던 아우성을 하나씩 꺼내 입을 달아주며
그렇게 세월이 갔다

(낡은 인형들은 말의 파편이 스며 묵직하고
속이 텅 빈 복화술사 인형 하나 늙어
웃는 입은 닫히지 않고 손만 가끔씩 움찔거린다)

사우思友

넌 아스라이 웃고 있었는데
아직 식지 않은 하얀 가루가 되어
마지막 주소에 꽃씨처럼 봉해져 있구나
살아온 시간과 기억이 반짝반짝 머물렀던 알갱이들
달항아리에 가득 들어찬 달빛처럼 한없이 고요하다
석관이 열렸다 닫히고
다져진 어둠이 흩어졌다 가라앉는 동안
이승에서의 네 마지막을 따라온
울음과 기도가 희미하게 멀어져 가면
너도 거기 남아있지 마라

이루지 못한 소망 끝나지 않은 사랑 크게 한번 보듬고
북극마을의 초록빛 오로라에 섞여들어 한바탕 춤추기
환한 붉음으로 바닷가 저녁 하늘 한켠 오래오래 물들이기
따뜻한 봄볕에 숨어 꽃눈 터뜨리기
온갖 아름다움에 흠뻑 젖어
기쁨으로만 터져 나오는 빛으로 세상에 스며들기를 …

별들이 운행 중이다

인적이 끊어지고 불빛 사라진 지하도는
납작한 네모 우주
멀고먼 별에서 날아오는 흐린 빛처럼
약한 숨결이
어둠의 구석구석 깃들어
생을 끝낼 수 없었던 하루를 잠 속에 묻는다
희미한 신음소리가
우주먼지로 떠도는 지하도의 밤
저 지하도의 별들은
한때 무엇에 부딪쳐 헐거워지고
다시 타오를 불씨를 죽였다
찬 길바닥이 되어가는 몸에
무엇이 남아있는지 모르는 생을 걸치고
제 존재의 주인을 기다리며
나란 시늉을 할 뿐

. . . . .

. . .

.

부서지기까지는 아직 별이다

#닳다

곡절은 닳고,, 몸짓만 남아,, 들끓지 않을 때,,
영문도 모르고,, 삶은 하찮아졌다
어떤 키워드로 나는 검색되고 호출 되는가
노란 리본을 가득 달고 있는 소원의 나무
혹은 시뻘건 욕망의 자물쇠들
물고기 비늘처럼 촘촘한 꼬리표들 밑에
맨살이 남아 있을까
뒤돌아보지 않을 때
깨끗하고 순한 시간의 물살이 반짝이리라 믿었으나
남은 건 살인의 기억
어린 나, 젊은 나, 어제의 나를
죽이고, 파묻고, 버리고서야, 지금이 있다
숱한 사건과 사람들에 휩쓸려
기억들은 모서리가 닳아 표정이 없어졌다
신발 굽으로 닳아온 생

어리석을 癡 어리석을 呆

천지에 꽃향기 스민 햇살 좋은 날은
서리서리 긴 기억을 꺼내 널어 말리고
더러 바람에 휙 섞어 보내고 싶은데
오래 쌓여 눌러 붙은 것들 솎아버리고
띄엄띄엄 고운 일만 남기면
가벼이 날아오를 듯한데
기억이 괴고 있는 아랫돌을 빼면 윗돌도 무너지는가
한 기억이 스러지면
손잡은 다른 기억도 같이 바스라지는가
이미 살아버린 기억을 덜어내고 비우면
어리석고 또 어리석어질 뿐인가
더 이상 깨달음으로 차오를 수 없는가

사랑으로도 약물로도 못하고
죽음으로만 끝장나는 고약한 소별
마음이 비면 몸은 바람에도 잔금이 간다

나무의 반란

나무는 제가 누구인지 어떻게 기억하나
나무의 기억은 어디에 머무나
찬란한 시절 고운 빛 다 떠나보내고
허공에 홀로 서서
죽음의 찬 겨울을 견디고 다시 솟아날 때
왜 벚나무는 모과잎을
살구나무는 은행잎을 달지 않는가
어떤 기도 혹은 절규가
말라붙은 검은 껍질을 뚫고 밀려나와
벚꽃 눈과 잎이 되는가
그 많은 변신과 반란의 유혹을 뿌리치고
다시 벚나무의 생을 택하는 건
뿌리 깊은 사랑 혹은 슬픈 관습?

벚나무 수액이 벚꽃 모양으로 밀려나와 굳는다
벚꽃이 바람에 떨어진다
기억이 다시 흙으로 돌아간다
기억보다 더 큰 힘이 나무를 키우고 있다

좌판 ○○씨

시장 그늘 한 쪽
보자기 위에 검은 비닐봉지마다
무말랭이 호박고지 말린 나물들

플라스틱 목욕탕 의자에 눌러앉은 몸
저 뼈와 살이 무너져가는 몸
산 채로 무덤이 되어가는 몸
저 몸을 통과해간 80년
팔십년의 무차별 폭격을 받아낸 총알받이 몸
아직도 쪼그리고 앉아 생활을 받아내는 몸

저 몸을 밤새 뜨물에 푹 담가놓으면
푸들푸들 물오를까

날아라 근두운!

이 삶은 아무리 기를 써도 어제로 빨려들어
다른 세상으로 가는 방편이 없는가
마음으로 오래 더듬다
가 닿은 몰운대 절벽 끝
구름정거장
먼저 온 이들이 쏟아놓고 간
숱한 비원 다 삼키고
속이 타버렸나 검은 소나무
제 자리에서
몸 바꾸어 팔 벌린 채 돌이 되어가는 중

절벽 바깥은 환히 빛나는 허공
저 아래
내가 떠나온 세상

구름 위로 슬쩍 한 발을 올리고
날아라 근두운!

타령

양구에서 차 트렁크 가득
막 밭에서 뽑아낸 무청을 싣고
돌아오는 길
뻗쳐오르던 시퍼런 함성과
차 안 가득 뿜어대던 무청향
올림픽대로 한강 즈음에
지레 몸을 포개어 가라앉다

흙을 벗어난 허공이 간간했던 걸까
풀려난 공허가 묵직했던 걸까

나는 세상에서 얼마나 재빨리 쭈그러들었던가

잊지 말자
푸른 무청의 시간
한 오십년 푹푹 삶긴 시래기들
한때 얼마나 청청했었는지

풍경

삶의 고통은
(다가오거나 잠시 멀어지거나)
빼곡하게 행진 중
눈은 아름다움에만 머물고
고통에는 감아버리네

태풍에 떨어져 바닥에 으깨진 은행알
하루 발걸음의 고단한 무늬처럼 노랗다
(고통을 뒤적이면 배어나오는)
세상의 모든 아름다움은 어떻게 희망이고 위안인가

너와 나 사이 풍경으로 흘러나오도록
아름다움을 삼켜 꾹꾹 채워넣기

물방울 뛰는 맥박
따뜻한 노을이 흐르는 체온
수시로 솟아나는 산정山頂, 그윽한 달빛 한 사발 건네면
고통도 꿈인 듯 빛나리.

날개

태풍 곤파스가
나무를 쓰러뜨렸다

그러나
한 자리에 너무 오래 서 있었던 나무
바람을 틈타
발부리를 살짝 들어 올린 게 아닐까
바람을 가득 품고 푸드드득 기울어지는 순간
하늘을 나는 꿈으로 벅찼을 나무

빈 자리에
허공이 하얗게 돋아나 반짝인다

그래, 한 발자국이라도 떼어 보자
바람이 불면 발바닥이 간질간질하다

해설

나무에서 나무-지도에로

고옥주의 시세계

장석주(시인·문학평론가)

8백 년 전에 한 이국의 시인은 "봄의 과수원으로 오세요/ 꽃과 촛불과 술이 있어요"*라고 노래한다. 꽃피는 봄날 유실수들이 모여 있는 과수원에는 어지러운 향기와 약동하는 생명의 환희가 넘치고 꿀을 채집하려는 꿀벌들이 떼를 지어 잉잉대는 것이다. 나무에게 꽃은 눈이고, 열매는 나무의 영혼이다. 이 나무들은 대지에 뿌리를 박고 하늘을 향해 수직으로 자라서 공중에 가지를 넓게 펼치는 향일성向日性의 존재다. 나무의 숙명이란 어떤 것인가. "일단 첫 뿌리를 뻗고 나면 그 식물은 덜 추운 곳으로, 덜 건조한 곳으로, 덜 위험한 곳

* 13세기에 살았던 페르시아 시인 루미의 시구.

으로 옮길 희망(그 희망이 아무리 미약한 것이라 할지라도)을 포기해야 한다. 서리와 가뭄과 굶주린 입이 찾아와도 그로부터 도망갈 가능성 없이 모든 것을 직면해야 한다."* 나무는 한번 뿌리를 내린 자리를 스스로의 힘으로는 떠나지 못한다. 나무는 제가 선택한 것은 아니지만 그렇게 붙박이의 운명에 갇힌 채 저항과 타협의 이항대립 속에서 줄기를 키우고 꽃과 열매를 맺는다. 꽃과 열매는 나무의 보람이고 나무가 거두는 작은 승리의 전리품이다. 물론 꽃과 열매를 통해 번식을 꾀하려는 전략이지만 여타의 생명에게는 축복이다. 사람은 나무가 피우는 꽃의 눈부심으로 무상의 안복眼福을 누리고, 다디단 열매를 통해서는 미각의 환희를 맛본다. 한 시인에 따르면, 나무는 신이 대지 위에 쓰는 시다! 인간은 종이 위에 시를 쓰지만 신은 대지 위에 시를 쓰는 것이다.

생각해보라.
이 세상에 나무처럼 아름다운 시가 어디 있으랴.
단물 흐르는 대지의 젖가슴에
마른 입술을 대고 서 있는 나무
온종일 신을 우러러보며
잎이 무성한 팔을 들어 기도하는 나무
가슴에는 눈이 쌓이는 나무

---

* 호프 자런, 『랩걸』, 김희정 옮김, 알마, 81쪽.

비와 더불어 다정하게 살아가는 나무…
나 같은 바보도 시는 쓰지만
신 아니면 나무는 만들지 못한다.*

나무는 대지에서 씨앗 한 톨로 생을 시작한다. 나무는 대지에서 싹 틔우고 뿌리를 내려 생존의 안정적 발판을 마련한다.** 대지는 흙으로 이루어진다. "흙은 생물의 영역과 지질학의 영역 사이에 생긴 긴장의 결과로 자연스럽게 나타난" 것이다. 나무는 "단물 흐르는 대지의 젖가슴"에서 젖을 빨고, "온종일 신을 우러러보며" 허공으로 팔을 들어올린 채 기도하며 서 있다. 나무는 생각하고, 기도하며, 자기 생존을 위해 투쟁하는 존재다. 모든 나무는 저마다 환경과의 영웅적인 분투라는 지난한 과정을 거쳐야만 비로소 우뚝 설 수 있다. 눈이 밝은 한 시인은 나무에게서 지극한 영성靈性을 보았다.

고옥주 시인에게 나무는 상상력의 중요한 매개체다. 플라타너스, 느티나무, 자목련나무, 꽃사과나무, 자작나무, 벚나무, 소나무 등등 나무를 직접적으로 다룬 시편들뿐만 아니라 초목의 생태와 그 이미지를 차용한 시편들도 많다. "길 끊어진 허공으로 한 발 더 나아가는 몸짓"(「희망에게 꽃을」), "알맹이 지키려고 굳어진 껍데기/속은 다 파먹히고 껍데기만

* 조이스 킬러의 시, 「나무」.
** 호프 자런, 앞의 책, 153쪽.

남아 있다"(「만리장성」), "멈추면 땅에 붙들려 뿌리내릴까봐 두려웠을까"(「발의 추억」), "땅 속 꿈틀거림이 밖으로 튀어 나오려고/뭐든 잡히는 숨이 있으면/꽉 그러잡고 죽기살기로 끌어 당긴다"(「환절기」), "뿌리는 땅 속의 물길 찾으며/나무를 지탱하고 있다"(「말씀」), "겨울나무처럼 아름다운 지도를 본 적 없다"(「꽃사과나무 지도」), "몸의 경계가 풀어지고 있다/몸은 활짝 열려 꽃 피려는 걸까"(「이명」) 같은 시구들은 나무에게서 얻은 시적 영감을 펼쳐 보여준다. 사람이 작은 우주라면 나무도 작은 우주다. 나무는 세월과 더불어 생장하며, 끊임없이 욕망과 변신을 보여주는 존재다. 시인은 그런 나무를 편애하고, 나무에게서 시적 영감을 얻어낸다.

> 나무는 제가 누구인지 어떻게 기억하나
> 나무의 기억은 어디에 머무나
> 찬란한 시절 고운 빛 다 떠나보내고
> 허공에 홀로 서서
> 죽음의 찬 겨울을 견디고 다시 솟아날 때
> 왜 벚나무는 모과잎을
> 살구나무는 은행잎을 달지 않는가
> 어떤 기도 혹은 절규가
> 말라붙은 검은 껍질을 뚫고 밀려나와
> 벚꽃 눈과 잎이 되는가
> 그 많은 변신과 반란의 유혹을 뿌리치고

다시 벚나무의 생을 택하는 건
뿌리 깊은 사랑 혹은 슬픈 관습?

벚나무 수액이 벚꽃 모양으로 밀려나와 굳는다
벚꽃이 바람에 떨어진다
기억이 다시 흙으로 돌아간다
기억보다 더 큰 힘이 나무를 키우고 있다

—「나무의 반란」 전문

「나무의 반란」은 벚꽃을 피운 벚나무에 대해 쓴 시다. "나무는 제가 누구인지 어떻게 기억하나/나무의 기억은 어디에 머무나"에서 나무에 대한 소박한 의문을 풀어낸다. 과연 나무는 기억을 갖고 있는가? 식물학자들에 따르면 나무는 유년기의 기후와 영양 상태에 대한 기억을 갖고 있다고 말한다. 나무의 기억이 "복잡한 생화학적 반응과 상호 작용"의 결과로 어떻게 작동하는지를 실험을 통해 입증했다.* 벚나무는 모과잎을 피우지 않고, 살구나무는 은행잎을 피우지 않는다. "벚나무 수액이 벚꽃 모양으로 밀려나와 굳는다"라는 시구는 아름다운 시적 성찰의 결과를 보여준다. 벚나무는 오직 벚나무 잎과 꽃을 피운다. 벚나무가 벚나무의 잎과 꽃을 피우는 것은 벚나무의 기억이다. 흰 벚꽃은 벚나무의 검은 껍질을

* 호프 자런은 "최근 10년 사이에 우리는 나무가 자신의 유년기를 기억한다는 사실을 알게 됐다."라고 말한다. 호프 자런, 앞의 책, 330쪽.

뚫고 밖으로 밀려나온 벚나무의 "기도 혹은 절규"일 것이란 상상력은 자연스럽다.

나무는 자연의 총아다. 활엽수는 양의 기운이 넘치는 봄에는 잎과 꽃을 피워내지만 음의 기운이 차오르는 가을에는 조락을 보여주며 생명의 영고성쇠를 상징적으로 보여준다. 나무는 영원과 찰나, 피안과 차안 사이에 존재하면서 항상성恒常性과 유현幽玄함을 드러낸다. 나무의 그러함은 늘 사람에게 감탄을 이끌어내곤 한다. 많은 나무들이 사람보다 훨씬 더 긴 세월을 산다. 메타세콰이어나 조몬삼나무는 오래 사는 것으로 손꼽을 만한 대표적 수종인데, 어떤 나무는 7000년을 넘게 살기도 한다. 우리 주변에서 흔히 보는 느티나무나 은행나무도 수령樹齡 수백 년을 넘긴 걸 찾는 게 그다지 어렵지 않다.

하얀 수피에
참을 수 없을 때마다
마음의 눈금을 그어가며
숨을 토한 흔적을 남기다
인간보다 오래 남을 이야기를
수천 년 지켜내고
누군가의 몸을 덥히려 타오를 때
삼켜온 긴긴 이야기를

한없이 자작자작 풀어낸다

—「자작나무」 전문

나무는 동물 같이 세상 속을 부지런히 돌아다니고 왕래하는 존재가 아니라 한 자리에 붙박이로 서 있는 까닭에 속세와 등지고 외진 곳에 은둔하는 처사의 이미지를 갖는다. 나무가 서 있는 자리는 그곳이 어디든지 간에 은일隱逸의 처소處所가 되는 것이다. 대지가 기르는 한 그루의 녹색 불꽃이 이 세상에서 꾸리는 한 생은 대체적으로 자족적이다. 하지만 사람보다 더 긴 수명을 누리는 나무들은 "인간보다 오래 남을 이야기"를 남길 수가 있다. 나무의 몸통과 나이테는 그가 견뎌온 가뭄과 한파 같은 세월의 흔적을 간직한다. 그 흔적은 성장 드라마일 수도 있고, 역경과 시련을 뚫고 나아온 인내의 이야기일 수도 있다. 나무가 제 이야기의 발화자라면 시인은 그 이야기에 귀를 기울이는 청자聽者다. "누군가의 몸을 덥히려 타오를 때/삼켜온 긴긴 이야기를/한없이 자작자작 풀어낸다". 시인은 하얀 수피를 가진 자작나무의 이야기에 귀를 기울이며 생명의 우주적 회통에 대해 상상한다.

맑은 날 나뭇가지 끝에선
물방울 터져나오는 소리, 반짝거린다

나무는 땅 속 강의 눈부신 한 지류

하늘에 닿으려는 물의 상승
목마른 허공이 두레박질한 물의
활짝 펼쳐진 형상
서 있는 흐름

물오른 나무

—「물오른 나무」 전문

시인은 나무의 생태에 관한 관찰자이며, 동시에 나무의 아름다움에 대한 예찬자다. 시인은 맑은 날 가지마다 연초록 잎을 피우고 서 있는 나무를 바라본다. 그리고 "나뭇가지 끝에선/물방울 터져나오는 소리"를 듣는다. 물방울 터져 나오는 소리가 청각 이미지가 아니라 반짝거리는 시각 이미지로 변환된 점이 이색적이다. 나무는 뿌리를 통해 빨아들인 물을 수액으로 바꿔 줄기와 잎으로 올려 보낸다. 나무의 줄기는 나무에게는 그 자체로 존재의 거소다. 주근과 곁뿌리로 이루어진 나무의 뿌리는 땅 속 저 깊은 곳으로 뻗어 가는데, 그것은 어두컴컴한 무의식의 공간과 조응한다. 뿌리는 땅 속에서 물과 자양분을 길어 올려 줄기로 보낸다. 나무에게서 "땅 속 강의 눈부신 한 지류/하늘에 닿으려는 물의 상승"을 읽어낸 것은 나무와의 감각적 교감이 얼마나 깊은가를 보여준다. 시인의 상상 세계에서 나무는 "목마른 허공이 두레박질한 물"이 "활짝 펼쳐진 형상"이고, "서 있는 흐름"이다.

겨울나무처럼 아름다운 지도를 본 적 없다
사방이 텅 비고
도처에 앙상한 길이 뻗어 있어
떠나는 일만 남은 시간
보물섬으로 가는 지도가 허공에 오롯하다
밖으로만 뻗어나가는 길도 있고
안으로 얽혀드는 길도 있다
꽃사과나무 가지는 그물을 짜듯 촘촘하다
작은 새가 되어
꽃사과나무 속 모든 길을 샅샅이 걸으며
내부 깊숙이 숨겨둔 보물을 찾고 싶은
겨울 樂.

—「꽃사과나무 지도」 전문

"꽃사과나무"는 텅 빈 사방에 앙상한 가지를 펼쳐서 만든 지도다. 잎 진 나뭇가지를 "앙상한 길"로 상상한 것인데, 그 길은 "허공에 오롯하다". 길은 "밖으로만 뻗어나가"거나 "안으로 얽혀"든다. 허공에 펼친 꽃사과나무의 앙상한 나뭇가지가 허공에 그리고 있는 그물처럼 촘촘한 길은 "보물섬"으로 안내하는 지도다. 밖의 지도와 안의 지도는 데칼코마니처럼 닮아 있다. 나무에게서 '지도 이미지'를 찾아낸 것은 상상력의 독창적 비약이 만든 성과라고 볼 수 있다. 지도는 지형과 지리, 산과 물의 시작과 끝, 뿌리줄기를 닮은 길의 교차와 접속, 무수히 많은 입구들, 거리距離와 방향 등으로 이루어진 도상圖上의 다양체다. "지도는 장場들의 연결접속에 공헌하고, 기관 없는 몸체들의 봉쇄-해제에 공헌하며, 그것들을 고른판 위로 최대한 늘어놓는데 공헌한다."* 지도는 나무 같이 하나의 수직적 줄기와 여러 개의 가지로 구성되지 않는다. 그것은 일자 중심이 아니다. 일자 중심이 아니라는 점에서 처음부터 위계화를 배제한다. 그것은 위계 없이 수평으로 퍼져나가는 것이고, 평면을 여는 확장이며, 본질적으로 2차원적 축약의 구조화다. 지도에서 중요한 것은 '길'이다.

마른 손바닥 안에 번개가 치고 있다

나뭇잎마다에 수액 흐르는 잎맥
허공을 더듬어 하늘로 오르는 나뭇가지
지구 내부로 걸어 들어가는 뿌리
새 생명을 보내실 때
손바닥에 세상길의 지도를 새겨주신 걸까

어제 보이지 않던 길이 보이고
힘겹게 새로 만드는 길 아래 옛길이 겹쳐져 있다
혼자 가는 길도 누군가 많이 다닌 길이다

* 질 들뢰즈/펠릭스 가타리, 『천 개의 고원』, 김재인 옮김, 새물결, 30쪽.

천지사방 지도를 미리 눈에 익히니
죽어서도 길을 잃지 않을까

저 검은 하늘의 번개 문양은
어디로 가는 길인가
영혼이 찾아갈 환한 빛의 길인가

나는 내 손바닥 금 어디까지 와 있나

—「사방이 지도이다」 전문

시인은 나무의 잎맥과 손바닥의 손금을 겹쳐 보며 길의 상상력을 펼쳐 보인다. 시인의 상상세계에서 나무는 그냥 나무가 아니라 나무–지도로 거듭난다. "새 생명을 보내실 때/손바닥에 세상길의 지도를 새겨주신 걸까", "어제 보이지 않던 길이 보이고/힘겹게 새로 만드는 길 아래 옛길이 겹쳐져 있다", "천지사방 지도를 미리 눈에 익히니/죽어서도 길을 잃지 않을까" 같은 구절들이 그렇다. 고옥주 시인은 나무에서 나무–지도에로 나아가는 상상력의 도정을 보여준다. 지도는 욕망을 생산하고 관리하는데 필요하다. 지도가 없다면 우리는 자주 길을 잃고 헤매게 될 것이다. 시인이 나무–지도에게서 구하는 것은 "영혼이 찾아갈 환한 빛의 길"이다. 산다는 것은 저마다 지도 그리기다. 나무의 나이테는 나무의 지도다. 우리 안의 도덕과 이성은 우리가 살면서 만든 삶의 지도일 테다.

우리는 그 지도를 품고 자기만의 "환한 빛의 길"을 따라가는 것이다.

동서양을 막론하고 많은 시인들이 초목을 마음에 품어 사랑하고 그것을 즐겨 노래한다. 우리 시인들만 국한하더라도 김소월의 '진달래꽃', 서정주의 '영산홍', 박목월의 '산수유', 정지용의 '자작나무', 백석의 '갈매나무'를 어렵지 않게 떠올릴 수 있다. 시인들은 자기만의 나무를 통해 세상을 보고 느낀다. 고옥주 시인은 나무가 봄마다 "세상에 없던 연푸른 잎 천지"(「환절기」)를 연다고 쓴다. 나무 시를 쓰는 시인은 나무-눈으로 세계를 바라보고, 나무에게 자아를 투사하며, 나무-몸통으로 세계와의 감각적 교섭을 하며 만들어진 기억을 갖는다. 바로 그런 까닭에 나무의 뿌리-침묵과 나무-몸의 기억을 전유하는 것은 자연스러운 일이다. 고옥주 시인의 시세계는 나무의 생태와 그에 대한 감수성으로 빚어졌다고 말할 수 있다. 시인이 나무와 교감하고 상호작용을 하면서 나무를 중심으로 펼친 상상력은 소박한 가운데 생동한다. 따라서 고옥주 시인의 시세계에서 나무-자아의 드라마를 찾아 읽는 건 자연스럽다. 나무를 포괄하는 식물 일반이 시적 제재로 쓰인 역사는 아주 오래 되었다. 저 문명세계의 탐욕에 맞서 나무는 저마다 위엄과 숭고의 표상으로 꿋꿋하다. 뿐만 아니라 나무는 새롭게 잎과 꽃과 열매를 내며 신생을 거듭하는 장수와 길상의 표상이기도 할 테다. 백석에게 "굳고 정한

갈매나무"가 있었다면 고옥주 시인에겐 수 천 년의 이야기를 품은 "자작나무"가 있다. 시인은 "도처에 불 밝힌 나무들 있어 길을 잃지 않"(「#가을 #물 #달」)았다고 고백한다. 나무-지도에서 인생의 길 찾기. 우리 마음에는 자기만의 나무가 자란다. 시인의 마음 속 나무는 생명의 나무, 예지의 나무, 인내의 나무, 지조의 나무, 윤리의 푯대가 되는 나무일 것이다. 우리가 마음 속 나무를 품어 키우는 동안 우리 내면의 나무-자아는 성장한다.

제비꽃 정원

지은이 · 고옥주
펴낸이 · 유재영
펴낸곳 · 주식회사 동학사

1판 1쇄 · 2019년 7월 26일
출판등록 · 1987년 11월 27일 제10-149

주소 · 04083 서울 마포구 토정로53 (합정동)
전화 · 324-6130, 324-6131 | 팩스 · 324-6135
E-메일 | dhsbook@hanmail.net
홈페이지 | www.donghaksa.co.kr
www.green-home.co.kr

ISBN 978-89-7190-681-1 03810